KÖRPERSPRACHE TECHNIKEN

Mit diesen Techniken wirst du Menschen lesen wie ein Profi!

Leo Weiß

2019

INHALT

Vorwort & Einleitung..4

Was ist Körpersprache eigentlich?.................5

Körpersprache: Erfolgsfaktor.........................7

Der Test: Statusspiel mit Karten.......................9

Körpersprache lesen lernen..........................11

Das Auge...11

Der Mund...14

Die Hand...16

Falsch gedacht! Diese Fehler gilt es zu vermeiden...18

Isolierung..18

Zusammenhangslosigkeit.................................19

Kleinigkeiten übersehen.................................20

Sich selbst vergessen.....................................20

Psychische Überzeugung.............................22

Die Dreiecksmethode.....................................24

Das Spiegeln / Mirroring.................................26

Menschen von sich abhängig machen............34

Extremes Mirroring mit anschließender Bindung........36

Finanzielle Abhängigkeit.................................39

Schlusswort...43

Haftungsausschluss...................................45

Urheberrecht...46

Impressum 47

Vorwort & Einleitung

Mimik, Gestik, Körperhaltung – Wir alle werden täglich damit konfrontiert. Beim Job, auf der Straße und in der Beziehung sowieso.

Tatsächlich achten wir bei jeglichen Konfrontationen viel mehr auf die Körperhaltung unseres Gegenübers, als wir meinen. Unterbewusst macht sich eine Person mit verschiedenen Körperbewegungen unsympathisch, erweckt Vertrauen oder wirkt vielleicht sogar arrogant.

Ob nun jemand mit hängenden Schultern trauert, glückselig durch die Welt hüpft oder sich nachdenklich am Kinn kratzt.
Lange überlegen, wie sich diese Körperausdrücke wohl emotional anfühlen, brauchen wir nicht.

Tatsächlich steckt in Körpersprache allerdings so viel mehr als nur eine vergossene Träne oder ein Lächeln auf den Lippen.
Sie wollen wissen, wie Sie die Menschen in Ihrer Umgebung entschlüsseln können? Wir nehmen Sie an die Hand und führen Sie mit dem Lesen der Körpersprache erfolgreich durch Job, Liebesleben und Freizeit.

Was ist Körpersprache eigentlich?

Körpersprache umfasst, wie der Name schon sagt, den gesamten Körper. Von Kopf bis Fuß lässt sich ein Mensch und dessen Haltung genauestens entschlüsseln. Egal ob jemand lügt, wie er zu einem bestimmten Thema steht oder ob die Unterhaltung mit Ihnen als angenehm empfunden wird, lässt sich an Mundwinkeln, Handhaltung und Gestik, Arm- und Beinbewegungen und dem allgemeinen Verhalten einer Person erkennen. Selbst wenn wir schweigen - der Körper spricht.

Polizisten und Co. werden übrigens auf diese Eigenschaften trainiert, da das Lesen von Menschen essentiell ist, um reale Geschehnisse aufzudecken. Über unsere verbalen Aussagen sind wir in der Regel mächtig. Ob gelogen wird oder nicht, liegt bei uns.

Das Verhalten wird stattdessen nur minimal bewusst gesteuert. Viel mehr ist dabei das Unterbewusstsein involviert. Die Angst beim Lügen erwischt zu werden, steuert besonders Gestik und Mimik. Gegenüber einem Kenner haben Lügner meist besonders lange Beine.

Erst wenn die ausgesprochenen Wörter mit der Körpersprache harmonieren, suggerieren wir Authentizität und Vertrauen – auch das wird übrigens unterbewusst aufgenommen. Weiß also jemand, was er tut, werden Sie zu Wachs in seinen Händen. Das Schlüsselwort: Charisma. Derjenige wird unheimliche Macht erfahren, denn er kann nahezu jeden so lenken, wie er es braucht.

Haben Sie das Lesen der Körpersprache aber erst einmal zu Ihrem Eigen gemacht, offenbart Ihnen das Gedanken, Ängste, Begierde und Gemütszustand Ihres Gegenübers.

Achten Sie beim nächsten Zusammentreffen doch auch auf Merkmale wie Stimmlage, Kleidung und Frisur. Sie werden schnell merken, dass Sie einen Menschen allein am Klang seiner Stimme einschätzen können.

Tatsächlich hat das Beherrschen der Körpersprache noch einige weitere Vorzüge. Besonders im Berufsleben werden Sie Zuspruch erfahren. Sicher verhandeln, souverän im Vorstellungsgespräch und einfacher Smalltalk wird von nun an zu Ihren Stärken gehören.

Körpersprache: Erfolgsfaktor

Tatsächlich gibt es bezüglich der beherrschten Körpersprache zwei Einschätzungen. Einige halten die Kontrolle über Gestik, Mimik und Co. für übertrieben und unecht. Die natürliche Körperhaltung genügt, um verbale Aussagen zu untermalen. Alles andere wird von diesem Lager als „fake" abgetan.

Einige zählen bewusste Körperkontrolle- und Sprache jedoch zu dem elementarsten Baustein der zwischenmenschlichen Kommunikation. Viel Wert wird auf besonderes Training gelegt, um dem Erfolg einen Weg zu pflastern. Nicht nur Ihre Gesprächspartner und Ihr Umfeld lassen sich damit unterbewusst manipulieren, sondern auch Sie selbst.

Laufen Sie doch mal mit herausgestreckter Brust, eingezogenem Bauch und geraden Schultern durch die Stadt. Sie werden merken, dass Sie Aufmerksamkeit erfahren, wie noch nie. Das mag einerseits an Ihrer wirkenden Körperhaltung liegen, aber auch an ihrem eigenen Bewusstsein. Denn das Selbstwertgefühl steigt nachweißlich, sobald wir uns stolz bewegen und sogenannte „Power Posen" einnehmen.
Um Macht und einen hohen Status zu verkörpern und auszustrahlen, nutzen Sie folgende „Power Posen":

- Bewegen Sie sich langsam und elegant
- Sprechen Sie klar, deutlich und laut. Auch eine tiefe Stimmlage wirkt stark und authentisch
- Halten Sie Ihren Kopf aufrecht und ruhig
- Lächeln Sie, wenn es Anlass zum Lächeln gibt. Ein gekünsteltes Lächeln erkennt jeder – ob bewusst oder unterbewusst

Tatsächlich wird der Körpersprache laut Studien rund 80% der kommunikativen Wirkung zugesprochen –schon bevor wir überhaupt den Mund aufmachen.

Der Test: Statusspiel mit Karten

Wer noch immer nicht glaubt, welchen Einfluss unsere Körpersprache haben kann, kann sich spätestens jetzt vom Gegenteil überzeugen.

Vier Spieler ziehen verdeckt Karten aus einem Stapel, die von eins bis vier nummeriert sind. Die Zahl steht hierbei für einen fiktiven Rang, an den sich die Spieler statuskonform anzupassen haben.

Der Spieler mit der Nummer eins hat den höchsten Rang und verhält sich dementsprechend dominant und stellt sich über alle.

Nummer vier verhält sich zurückhaltend und devot, Zwei und Drei spielen vorerst unauffällig und sollen sich während dem Spiel in eine Rolle einfinden.

Das Spannende: Die Spieler wissen nicht, welche Rolle die jeweiligen Spielpartner haben.

Probieren Sie es aus. Sprechen Sie über Ihr fiktives Leben und bauen Sie ein realistisches Bild ihrer selbst auf. Halten Sie sich dabei natürlich stetig an die verteilten Rollen.

Sie alle, wie auch eventuelle Zuschauer, werden nach einigen Minuten genau wissen, wer welchem Status entspricht. Und das, ohne es direkt auszusprechen. Stattdessen ist es die Körpersprache, die entweder stark und kräftig ist oder eher zurückhaltend und schüchtern wirkt.

Körpersprache lesen lernen

<u>Das Auge</u>

Dass die Augen das Fenster zur Seele seien, behauptete Hildegard Bingen bereits im 12. Jahrhundert. Und tatsächlich – oftmals lässt sich der Zustand eines Menschen an seinen Augen ablesen. Schauen Sie sich eine Person in einer Gefahrensituation, mit Stolz oder vielleicht mit Wut an. Die Augen werden in keiner Situation der anderen gleichen.

Tatsächlich sind die Augen der erste Anhaltspunkt im Gesicht, auf den wir achten, wenn wir eine Person treffen. Keine unwesentliche Rolle spielt dabei auch die Farbe der Regenbogenhaut. Als Beispiel: Karel Keiner, ein Professor der Universität Prag, erkannte die vertrauensbildende Wirkung von braunäugigen Menschen. Im Gegensatz zu Personen mit blauen Augen, empfinden wir diese als authentisch und ehrlich.

Sobald man miteinander redet, gilt es als höflich, Augenkontakt zu halten. Schon einmal nachgedacht, warum das so ist?
Die These, dass Augen das Fenster zur Seele seien, macht nun schon viel mehr Sinn, oder? Während der Konversation geben Augen Ausschluss darüber, was in Ihrem Gesprächspartner vor sich geht. Meint er seine Aussagen ernst?
Ist er am Gespräch interessiert? Die Antwort auf all solche Fragen, finden wir am ehesten in den Augen.

Grund für die ehrliche Offenbarung, die unser Auge preisgibt, sind die inneren Augenmuskeln, die vom vegetativen Nervensystem gesteuert werden und von uns nicht bewusst beeinflusst werden können.

Kriminologen nutzen die Blickrichtung ihrer Gesprächsperson, um eine Lüge zu entlarven. Lügner schauen uns meist besonders aktiv in die Augen. Menschen, die die Wahrheit erzählen schwelgen stattdessen mit dem Blick gerne im Raum umher.

- Angst

Menschen, die Angst haben, haben meist eine extrem geweitete Pupille. Um während der Flucht möglichst viel zu sehen, gewährleistet der Körper so eine möglichst hohe Lichteinstrahlung

- Anziehung

Achtung! Hier kann es zu Verwechslungsgefahr kommen. Auch wenn Ihr Gegenüber Sie attraktiv oder sexuell anziehend findet, können sich die Pupillen weiten. Stimmen auch die restlichen Körpersignale, können Sie sich der ungeteilten Aufmerksamkeit sicher sein. Vielleicht hat Ihr Gesprächspartner allerdings auch die ein oder andere bewusstseinserweiternde Substanz zu sich genommen und ist einfach nur high.

- Ekel

Sind Menschen angeekelt, zieht sich die Pupille zusammen. Weniger Licht tritt ins Auge und ein optischer Schock wird so aufs Minimum reduziert.

- Krankheit

Ungleiche oder unausgeprägte Pupillenreflexe können auf eine Krankheit hinweisen. Neurologen haben immer eine kleine Taschenlampe bei sich, um etwaige Hirnerkrankungen auszuschließen.

- Desinteresse

Sucht Ihr Gegenüber häufig den Blick nach unten und erwidert Ihren Blickkontakt nicht, kann es sein, dass er gerade schlichtweg „kein Bock" auf eine Unterhaltung (oder Sie) hat.

- Unsicherheit

Suchende Augen, die ständig umherfliegen und der Blick zu Boden können ein Zeichen für Unsicherheit oder Schüchternheit sein.

- Freude

Freut sich jemand Sie zu sehen, werden Sie ein kurzes Anheben der Augenbrauen beim ersten Blickkontakt erkennen können.

- Fakt

Wussten Sie, dass die optimale Länge eines Blickkontakts bei 3,3 Sekunden liegt? Diesen Zeitraum empfinden die meisten Menschen als angenehm. Wer länger starrt, wird schnell als „Gaffer" abgetan. Ein zu kurzer Blick, wirkt unsicher.

Der Mund

Haben Sie auch diesen einen Freund, Bekannten oder Kollegen, der stolzer Besitzer eines bezaubernden Lächelns ist und dem scheinbar alles nur so zufliegt?

Falls Sie es nicht schon vermutet haben – Das kommt nicht von jeher. Denn ein gewinnendes Lächeln ist ein wahrer Türöffner und die Königsdisziplin, wenn es um Sympathie geht. Ein echtes, ungekünsteltes Lächeln ist in jedem Fall ein gutes Zeichen, das ist klar.

Doch der Mund hat abgesehen von verbaler Konversation noch die eine oder andere Körpersprache auf Lager, auf die es zu achten gilt. Eine große Rolle spielt dabei auch das zweite Hauptaugenmerk unseres Gesichtes: die Lippen.

Rosig und saftig laden sie zum Küssen ein, aber auch hier lässt sich der emotionale Zustand einer Person lesen.

„Lippen lesen" bekommt da eine ganz neue Bedeutung.

• Anspannung

Die Lippen sind zu einer schmalen Linie zusammengepresst, der Kiefer malt und das gesamte Gesicht wirkt angespannt. Natürlich wirkt dieses Bild auf einen Stress Zustand hin. Stellen Sie sich die Lippen dabei wie eine Art Damm vor, die die Emotionen davor wahren soll, überzukochen. Stoßen Sie auf ein solches Merkmal, kann Ihr Gegenüber angespannt, frustriert oder auch wütend sein.

• (Sexuelles) Interesse

Spielt Ihr Gegenüber mit den Lippen? Herzlichen Glückwunsch, Ihr Abend ist gerettet.
Knabbert Ihr Gesprächspartner an den Lippen oder streicht sogar leicht mit der Zunge darüber, kann deutliches Interesse angenommen werden. Da die Lippen eine erogene Zone sind, wird damit oft sexuelles Verlangen verbunden. Ob bewusst oder unterbewusst sei dahingestellt.

• Nervosität

Lippenlecken kann tatsächlich auch von Nervosität beeinflusst werden. Indem die Zunge über den inneren Teil der Zunge fährt, lösen sich innere Tensionen.

• Interesse

Der Mund Ihres Gesprächspartners ist entspannt und die Lippen sind leicht geöffnet? Ihnen wird aufmerksam und wissbegierig zugehört. Die Situation ist entspannt für den Partner.

• Unsicherheit

Stellen Sie sich den Mund einer alten Frau vor. Schmal, faltig und spitz werden die Lippen oft, wenn jemand unsicher oder unentschlossen ist. Werden die Lippen dabei leicht nach innen gezogen, kann dies auch Indiz für unterdrückte Wut sein.

- **Arroganz**

Ihr Gegenüber hebt beim Gespräch sarkastisch einen Mundwinkel. Gehen Sie davon aus, dass er überheblich oder vielleicht sogar arrogant ist.

Die Hand

Wohl kaum ein Körperteil ist so bekannt für Gestik und Körpersprache, wie unsere Hände. Ein „Daumen hoch", Peace-Zeichen oder gefaltete Hände. Was das bedeutet, muss Ihnen wohl keiner erklären, denn es sind bewusste Gesten, die wir aktiv tun. Tatsächlich bieten Finger und Handflächen einige weitere Bewegungen, die einen zum Grübeln bringen können.

- **Ungeduld**

Bewusst oder unbewusst eingesetzt, können trommelnde Finger auf Ungeduld hinweisen. Ein typisches Beispiel: Jemand wartet auf etwas, hat aber keine Zeit. Im Gespräch kann es auch auf Desinteresse hinweisen. Ihr Konversationspartner erwartet eventuell das Ende des Gesprächs.

- **Selbstbewusstsein, Arroganz**

Ein Projekt ist beendet, Sie reiben sich stolz die Hände. Auf Ihr Gegenüber kann das aber schnell selbstgefällig und eingebildet wirken.

- **Unsicherheit, Ablehnung**

Verschränkte Arme suggerieren unterbewusst Abstand und Distanz. Aber auch eine ängstliche Person, kann die Arme vor Brust und Bauch verschränken.
Lebenswichtige Organe sollen in einer Gefahrensituation geschützt werden.

- **Stress**

Legt eine Person während des Gesprächs oder einer Situation die Hand auf Brust oder Hals, kann das ein Indiz für Stress sein. Die Person versucht durch die Berührung Stress abzubauen.

- **Interesse**

Gestikuliert ist Gesprächspartner während der Konversation wild mit den Händen, kann das ein Zeichen für starkes Interesse am Gesprächsthema und eine gute Konversation sein. Wir unterstreichen damit unsere Behauptungen und wollen unsere Aussagen stärken.

Genug zur Theorie. Falls Sie es beim Lesen nicht sowieso schon getan haben, probieren Sie doch einfach mal, Ihre Lippen, Hände und Augen in die jeweilige Form zu bringen. Sie werden schnell merken, welche Emotion mit welcher Bewegung verknüpft ist und es somit auch ebenso leicht am Gesprächspartner erkennen können.

Falsch gedacht!
Diese Fehler gilt es zu vermeiden

Auch wenn Sie nun einige Körpersignale zu deuten wissen, gibt es hierbei doch einiges falsch zu machen. Ein bestimmter Ausdruck in den Augen oder eine Handbewegung gibt Ihnen noch lange keinen exakten Aufschluss darüber, wie sich eine Person fühlt.

Isolierung

Sie führen eine Unterhaltung und Ihr gegenüber verschränkt plötzlich die Arme? Ganz klar – der Gesprächspartner fühlt sich unwohl oder will Distanz. Sie lassen das Gespräch langsam abebben und gehen. Was aber, wenn Ihr Gegenüber lediglich etwas gefroren hat?

Der Partner kratzt sich an der Nase und sie vermuten eine Lüge zu enttarnen? Vielleicht hat es aber auch einfach an der Nase gejuckt?
Genau das kann passieren, wenn sie eine Person auf eine unterbewusste Handlung festnageln. Sie deuten sie vermutlich falsch und wirken so eventuell unsympathisch.
Wichtig ist daher immer eine Kombination aus verschiedenen Gestik- und Mimik Bewegungen wahrzunehmen. Eine einzelne Geste verrät Ihnen also nichts. Betrachten Sie das Gesamtbild und warten Sie auf eine Häufung verschiedener Indizien

Zusammenhangslosigkeit

Sie sind interessiert am Thema Körpersprache und versuchen diese ständig zu deuten? Dabei kann das eigentliche Gespräch schnell in den Hintergrund geraten. Sehen Sie Ihr Gegenüber also nicht als nonverbale Leinwand. Der Kontext von Gespräch und Umgebung muss stets zusammenpassen.

Kleinigkeiten übersehen

Sie laufen einer Person über den Weg, die Ihnen nahezu perfekt vorkommt. Irgendetwas in deren Auftritt überstrahlt alles andere. Die Person wirkt dominant und Sie übersehen Kleinigkeiten, die vielleicht auf das Gegenteil hinweisen und die Fassade zum Bröckeln bringen könnte.

Lassen Sie sich also nicht einlullen, denn Sie sind nicht der Einzige, der sich mit Körpersprache auskennt. Andere Menschen nutzen bestimmten Gesten ganz bewusst, um den Gesprächspartner zu manipulieren. Versuchen Sie diese doch einfach mal zu enttarnen.

Sich selbst vergessen

Vor lauter Lesen lernen, haben Sie Ihre eigene Körpersprache ganz vergessen. Sie kennen nun die Wirkungen und Deutungen verschiedener Bewegungen. Machen Sie sich diesen Vorteil beim nächsten Gespräch doch einfach für sich selbst zu Nutze.

Heben Sie die Augenbrauen beim ersten Blickkontakt oder wenden Sie die sogenannten Powerposen an, um Ihrem Gegenüber zu gefallen. Sie werden mehr Selbstbewusstsein erfahren und mehr positive Rückmeldungen bekommen.

Fakt:
Bei Untersuchungen zu sogenannten „Power Posen" wurde nachgewiesen, dass der Cortisol-Spiegel im Blut durchschnittlich um rund 25% sank und der Testosteronlevel um ganze 19% anstieg. Demnach fühlt

man sich entspannter und stärker.

Psychische Überzeugung

Wenn Sie dem Buch bis lang aufmerksam gefolgt sind und das Geschriebene weitgehend verinnerlicht haben, dann verfügen Sie nun zumindest theoretisch über die Fähigkeit, Körpersprache nicht nur zu lesen, sondern auch adäquat interpretieren zu können.

Das A und O jedes theoretischen Ansatzes ist natürlich die alltägliche Praktizierung in Ihrem realen Umfeld. Probieren Sie sich deshalb aus, um sicherer innerhalb der Interpretation zu werden. Tun Sie dies am Anfang in einem vertrauten Umfeld, in dem Sie locker und entspannt sind, also vorrangig im Umgang mit Freunden oder anderen nahestehenden Menschen. Mit diesen können Sie auch offen über Ihr Vorhaben reden und Feedback für Ihre Interpretationen bekommen.

Haben Sie einmal das Gefühl nun geübter im Lesen der Körpersprache zu sein, können Sie sich hier mit mir gemeinsam der nächsten Stufe widmen, nämlich den Techniken, mit denen man Menschen auf einer psychologischen Ebene überzeugen kann. Einige Leser dieses Buches werden sich deshalb mit dem Themengebiet auseinandersetzen, um beruflich Fortschritte machen und selbstbewusster sowie charismatischer auftreten zu können.

Die meisten jedoch – das zeigt meine Erfahrung – haben die Absicht auf Beziehungsebene weiter zu kommen. Sei es der Traumpartner, der irgendwo in dem eigenen Umfeld herumschwirrt, jedoch unerreichbar zu sein scheint oder auch der pauschale Wunsch einem Menschen näher zu kommen, der kühnsten und optimalsten subjektiven Vorstellungen entspricht.

Nehmen wir also einmal an, Sie sind ein Mann, irgendwo innerhalb der Alterspanne von 30 bis 35 Jahren. Sie arbeiten in einem Großraumbüro, bekleiden eine durchschnittliche Position und verdienen ebenfalls durchschnittlich. 2 Tische von Ihnen entfernt sitzt eine Dame, knapp 5 Jahre jünger als Sie, nennen wir Sie einmal Veronika.

Veronika ist eine hochattraktive Frau, die sämtliche männliche Belegschaft himmelt sie an. Außerdem ist sie aufstrebend, intelligent und ehrgeizig, sie wird dementsprechend demnächst auf der Karriereleiter aufsteigen.

Veronika grüßt Sie jeden Morgen höflich, lächelt auch einmal, bleibt aber meist auf Distanz. Ihre Körpersprache haben Sie bereits analysiert, stets auch auf den eigenen Ausdruck geachtet. Das bringt Sie aber nur zu der Erkenntnis, dass Veronika offenbar kein Interesse an Ihnen hat.

Wie also können Sie es schaffen, dass das Blatt sich wendet und die junge Dame auf einmal in Ihnen etwas Begehrenswertes sieht? Im Folgenden werde ich Ihnen einige Techniken vorstellen, mit denen Sie genau das erreichen können: Andere Menschen von sich zu überzeugen.

Die Dreiecksmethode

Fangen wir mit einer simplen Methode an, der Dreiecksmethode. Diese setzt natürlich voraus, dass Sie Ihr anvisiertes menschliches Ziel in ein Gespräch verwickeln konnten, bei dem Ihr Gegenüber Augenkontakt sucht. Bleiben wir einmal bei unserem Beispiel Veronika.

Sie gehen zu ihrem Tisch und geben vor ein Büroutensil zu benötigen. Nehmen wir einfach mal einen Radiergummi. Lächeln Sie und fragen Sie ganz einfach: „Hast du vielleicht einen Radiergummi dabei?"

Genau jetzt kommt es zu dem entscheidenden Moment, dem Anwenden der Dreiecks-Methode: Fangen Sie langsam an, Ihr in die Augen zu schauen. Sie beginnen mit dem linken Auge, wandern langsam zu dem rechten Auge über, bevor ihr Blick in ruhigen Bewegungen auf ihren Mund fällt.

Führen sie dies in einer bewussten Intention aus, jedoch auf möglichst nicht aufgesetzte und überzogene Weise. Beobachten Sie nun Ihre Pupillen. Sollten sich diese weiten, spricht das dafür, dass Veronika aufgeregt, möglicher Weise sogar erregt ist.

Aber wieso ist genau diese Vorgehensweise so erfolgversprechend?

Verhaltensttherapeutische Studien haben ergeben, dass Menschen während eines Flirtprozesses mit hohem Authentizitätsgrad auf intuitive Art und Weise exakt diese Augenbewegungen ausführen. Wieso sie dies machen, konnten die Wissenschaftler nicht abschließend klären. Es wird allerdings vermutet, dass die zusammenhängende Fixierung auf intime und emotional bedeutsame Gesichtspartien in Form eines instinktiven Annäherungsversuches von den meisten Menschen nicht nur gelesen, sondern auch ausgeführt wird

Natürlich ist diese Technik nur ein erster Schritt. Selbst wenn Veronika in diesem Beispiel Interesse zeigen sollte, müssten jetzt natürlich alle weiteren Schritte folgen, um ihre Aufmerksamkeit zu verfestigen. Deshalb kommen wir jetzt zu meiner persönlichen Lieblingsmethode, die selbst auf wissenschaftlicher Ebene einen bewiesenen hohen Wirkungsgrad aufweist.

Das Spiegeln / Mirroring

Wenn Sie einmal in aller Ruhe darüber nachdenken, wann Sie sich in der Nähe eines Menschen am wohlsten fühlen, dann denken Sie bestimmt als erster an eine Person, die Sie schon seit Jahren kennen. Sie denken an das Gefühl von Vertrautheit und Geborgenheit, Sie denken daran keine Spannung und Dissonanzen zu empfinden, die Sie aufregen, misstrauisch oder ängstlich machen. Sie denken an einen Zustand des „Sich-Fallen-Lassen". Aber warum ist das so? Was machen diese Menschen genau anders, als die Ihnen fremden Gesprächspartner. Die Frage lässt sich recht einfach klären.

Gehen Sie doch einmal her und beobachten Sie ein älteres Ehepaar, von dem Sie der Meinung sind, dass dieses ein recht harmonisches Zusammenleben aufweisen kann. Analysieren Sie die Körpersprache der Beiden, ihre Mimik, ihre Gestik. Was fällt Ihnen recht schnell auf?

Richtig! Es liegt ein wahnsinnig hohes Maß an Übereinstimmung vor. Körperhaltung, Gestik, Stimmlage, sogar die Ausdrucksweise scheinen von ein und demselben Menschen zu kommen. Sie verschmelzen praktisch miteinander.

Die Gründe dafür sind vielfältig. Einmal besteht unser allgemeiner Ausdruck aus konditionierten und gespeicherter Merkmalen Dritter. Oder um es einfach zu sagen: Personen, die wir positiv sehen und mit denen wir viel Zeit verbringen, beeinflussen uns soweit, dass wir ihre Verhaltensmuster instinktiv annehmen.

Dies ist ein ganz gewöhnlicher Vorgang des Aufbaus einer Bindung. Wir spiegeln den Anderen und dieser reflektiert uns wiederum, woraus in der Quintessenz aus zwei fremden Individuen sich angleichende Vertraute werden, die ihre Persönlichkeit teilen.

Wenn wir nun also wissen, wie das Endprodukt der Bindung zweier Menschen aussieht, dann können wir uns diese Eigenarten auch schon vorab zu nutzen machen. Genau dieser Effekt wurde auf wissenschaftlicher Ebene in mehreren Studien schon unter Beweis gestellt, von denen ich Ihnen jetzt erzählen möchte.

Im Jahre 2010 führte die Ohio State University ein Experiment durch, in dem Studenten in separaten Gesprächen von den durchführenden Forschern gebeten wurden, künstlerische Bilder zu analysieren. Dabei nahmen die Forscher bei der Hälfte der Studenten eine möglichst identische Körpersprache an und verhielten sich bei der anderen Hälfte neutral. Im Anschluss wurden die Probanden dann gefragt, wie sie ihre Gesprächspartner bewerten. Dreimal dürfen Sie raten. Die Forscher, welche ihr gegenüber spiegelten, wurden mit großer Mehrheit besser bewertet, als solche die einfach neutral blieben.

Bei den Bewertungskriterien ging es hauptsächlich um Sympathiefaktoren, aber auch um Kompetenz und allgemeine Kommunikationsfähigkeiten. Trotzdem resultierte die Meinung der Studenten eben nicht aus konstruktiven Persönlichkeitseinschätzungen, sondern sie wurden manipuliert, darauf programmiert, wen sie gut finden sollen und wen nicht.

Zu ähnlichen Resultaten kam eine Studie aus dem Werbesegment. Darin wurden freiwillige Probanden unter dem Vorwand Anzeigen zu beurteilen wieder zur Hälfte gespiegelt und zur Hälfte nicht. Nach einigen Minuten der Befragung, ließen die Forscher einen Kugelschreiber fallen. Gespiegelte Probanden hoben den Kugelschreiber sage und schreibe dreimal so häufig auf, wie Probanden, welche neutral behandelt wurden.

Die Ergebnisse sind also eindeutig. Wir wissen nun also, dass ein allgemeines Spiegeln des Gesprächspartners fast immer dazu führt, dass dieser uns positiv beurteilt. Wie können wir uns aber diesen Effekt zu eigen machen?

Dazu werden wir uns jetzt - wohl oder übel – die Techniken des Spiegelns im Detail ansehen. Kommen wir dazu erst einmal auf Veronika zurück, nicht, dass die uns schon vermisst. Innerhalb unserer ersten Methoden wandten Sie ja die Dreiecks-Technik an. Nun ist es Zeit für den zweiten Schritt. Versetzten wir uns also wieder in die fiktive Szenerie.

Nehmen wir an, es ist gerade Mittagspause in Ihrem Großraumbüro. Während die meisten Mitarbeiter nach draußen gegangen sind, um den naheliegenden Imbiss zu besuchen, ziehen Sie heute die kleine bürointerne Küche vor. Und wie der Zufall es so will, sitzt da auch gerade Veronika und trinkt einen Kaffee.

Sie tun es ihr gleich, bereiten sich an der Maschine einen Espresso vor und setzen sich ihr gegenüber. Veronika lächelt freundlich, worauf Sie das Gespräch beginnen. Was gilt es jetzt zu beachten?

Beginnen wir mit der Stimmlage und -Lautstärke, keine sonderlich schwer zu imitierenden Aspekte. Spricht

Veronika ruhig und gelassen, mit entspanntem Timbre, dann machen Sie das ebenfalls. Sprechen Sie mit möglichst tiefer, entspannter Stimme. Klingt ihre Stimme höher, aufgekratzter, spricht sie schneller, dann nehmen Sie eben diese Variante an.

Es geht also erst einmal darum, auf tonaler Ebene eine Übereinstimmung und damit eine gute Gesprächsbasis zu schaffen. Denn sollten Sie konträr zu der jungen Dame agieren, beispielsweise laut und selbstbewusst auf sie einreden, wobei Ihre Herzdame fast am Flüstern ist, führt das logischerweise zur Verunsicherung, möglicher Weise sogar zur Antipathie seitens Veronika.

Haben Sie Ihre Stimme richtig eingestellt, fixieren Sie sich auf den nächsten noch recht einfach kopierbaren Schritt: Die Körperhaltung. Sitzt Veronika entspannt, lehnt sich leger zurück und schlägt die Beine übereinander, dann imitieren Sie dies. Thront sie aber kerzengerade auf dem Küchenstuhl und streckt ihren Rücken durch, dann wissen Sie ja, was zu tun ist.

Wichtig ist, dass es bei sämtlichen Spiegelungen nicht zu einem Nachäffen kommt. Veronika soll sich auf gut Deutsch gesagt nicht verarscht vorkommen und bemerken, dass Sie etwas im Schilde führen. Wenn Sie also ein Muster kopieren, dann tun Sie dies nicht unmittelbar, sondern warten Sie einen Moment ab und variieren Sie das kopierte Muster dezent.

Dasselbe gilt auch für den nächsten Schritt in unserem fiktiven Spiegel-Tutorial: Dem Angleichen der Gestik. Sie können Ihre Armbewegungen und das Maß der Gestik im allgemeinen ruhig 1:1 übernehmen, aber sollte Veronika beispielsweise nach Ihrer Tasse greifen und daraus einen Schluck nehmen, dann gehen Sie auch bitte hier nicht her und machen noch in derselben Sekunde das Identische, denn die Dame würde spätestens beim dritten unmittelbaren Kopieren bemerken, dass etwas nicht stimmt.

Ebenso interessant ist übrigens das Übernehmen der wörtlichen Reden, ein Teilbereich des Mirroring, der häufig vernachlässigt wird. Natürlich wird Bindung auch über optische Reize, den Geruch eines Menschen oder auch seine Stimmfarbe aufgebaut.

Jedoch steht bei unserer intelligenten und weit entwickelten Spezies Kommunikation primär im Fokus.

Sie können einen noch so durchtrainierten Körper haben, perfekt riechen und beim Spiegeln von Haltung, Gestik und Timbre ein Meister sein, es bringt Ihnen alles nichts, wenn Ihr Gesprächspartner dann von dem eigentlichen Inhalt Ihrer Kommunikation abgestoßen wird oder sich dabei langweilt.

Da man nicht von Ihnen abverlangen kann, dass sie von vornherein die subjektiv präferierten Themen Ihres Schwarms treffen werden, hilft auch hier natürlich die Methode des einfachen Spiegelns. Dabei gilt es erneut den Fehler des maschinellen Wiederholens zu vermeiden.

Sie sollen Veronika also nicht nachplappern und alles toll finden, was sie toll findet, denn das würde sie höchstwahrscheinlich bemerken, oder es einfach goutieren, um Sie für das Aufpolieren ihres eigenen Egos zu nutzen.

Gehen Sie also geschickt an die Kommunikation heran. Erfragen Sie vorsichtig Themen, finden Sie heraus, für was sich Veronika interessiert und erzählen Sie dann eigenständig von relativ identischen Inhalten.

Veronika soll den Eindruck bekommen, dass zwischen Ihnen viele Interessenübereinstimmungen vorliegen. Natürlich funktioniert dies nur bis zu einem gewissen Grad. Wenn Veronika gerne Briefmarken sammelt und detailliertes Wissen darüber aufweisen kann, dann versuchen Sie nicht mit halbgaren Aussagen zu punkten, lenken Sie das Gespräch eher auf etwas Allgemeines.

Eine weitere wunderbare verbale Technik, ist das Spiegeln von Redewendungen und verbalen Eigenarten. Bringt Veronika in einer für sie amüsanten Situation gerne Sprüche wie „Da wird der Hund ja in der Pfanne verrückt", haben Sie eine perfekte Vorlage um eben genau diesen Spruch ihrerseits in einer adäquaten Situation anzuwenden.

Denn Veronikas Ausdruck ist schließlich auch nichts anderes, als ein Sammelsurium extern konditionierter Erfahrungen und gespeicherter Kopien, die sie wiederum von anderen Menschen übernommen hat, die Veronika bewundert und achtet, die ihr vertraut sind.

Wenden sie also diese Mechanismen an, wird sie genau an diese Menschen erinnert werden und anfangen Sie zu mögen.

Wenn Sie jetzt also noch einmal in Gedanken die beschriebenen Techniken des Spiegelns durchgehen, dann werden Sie bemerken, dass Sie bei einer hundertprozentigen Ausführung beinahe zu einer zweiten Veronika mutieren.

Ich kann Ihnen garantieren, dass wenn Sie Veronika nicht aus irgendeinem sehr drastischen Grund komplett abstoßend findet, der konträr zu ihren Präferenzen steht, eine extrem hohe Wahrscheinlichkeit vorliegt, dass sie bei der Dame schnell vorankommen. Sicher wird sie sich bald mit Ihnen privat treffen wollen, vielleicht sogar mit Ihnen schlafen.

Was ist jedoch der Nachteil dieser zeitrafferartigen Vorgehensweise? Ich denke den haben Sie schon erkannt. Sie bleiben nicht Sie. Sie verstellen sich auf eine sehr extreme Art und Weise. Dies ist so oder so nur möglich, wenn sie die Muster von Veronika wenigstens partiell als erstrebenswert betrachten.

Finden Sie beispielsweise Ihre Redewendungen lächerlich, müssen diese aber ständig kopieren, mögen ihre Haltung nicht, müssen diese aber andauernd nachahmen, werden Sie wahrscheinlich recht schnell aufgeben und sogar das Interesse an Veronika verlieren, sei sie körperlich noch so attraktiv.

Gehen wir also davon aus, dass Sie Veronika wirklich ehrlich toll finden, das meiste an ihr mögen und Ihnen ein Kopieren nicht schwerfällt. Trotzdem legen Sie Ihre eigenen Verhaltensweisen in der Kommunikation mit Veronika ab, um sie wie beschrieben zu manipulieren.

Wenn es Ihnen nur darum geht eine kurze Affäre zu haben, dann können diese Techniken zum Ziel führen.

Wollen Sie aber Veronika langfristig an sich binden, müssen Sie entweder von Sekunde eins an eine andere Taktik fahren oder zumindest Ihr Verhalten nach und nach abändern, um sich selbst nicht zu verlieren.

Wie das auf unterschiedliche Art und Weise funktionieren kann, werde ich Ihnen im nächsten Kapitel erklären.

Menschen von sich abhängig machen

Wenn Sie dieses Kapitel wirklich ernsthaft und mit der Absicht der Internalisierung lesen, dann geht es Ihnen offenbar nicht darum, sich kurzweilig zu vergnügen, sondern Sie suchen auf einer zwischenmenschlichen Ebene andere Individuen, mit denen Sie über längere Zeit eine Bindung aufbauen können, möglicher Weise auch häufig im partnerschaftlichen und damit auch sexuellem Kontext.

Der Kapitel-Titel ist zugegebenermaßen etwas provokant gewählt, vielleicht weckt er in manchem Leser die Assoziation einer materiellen Abhängigkeit, wie man sie aus Reality-Shows schwerreicher Menschen kennt.

Jedoch ist jede Form des Aufbaus einer Bindung gleichzeitig auch immer der Versuch eine Abhängigkeit des anvisierten Zieles zu erreichen, weil schließlich auch nur so eine dauerhafte Konstanz zu Stande kommt.

Darin ist also per se' erst einmal nichts Falsches, allerdings gehen wir hier die Sache deutlich rationaler und pragmatischer an, als die meisten intuitiv handelnden Menschen.

Bei unserem Beispiel Veronika, würde unsere Vorgehensweise wie schon angedeutet seinen Zweck kurzzeitig erfüllen. Was aber machen Sie, wenn Veronika nun ernsthaftes Interesse an einer dauerhaften Zweisamkeit zeigt und Sie dem ebenfalls nicht abgeneigt sind.

Kommen wir also zu Variante 1!

Extremes Mirroring mit anschließender Bindung

Sie sind also nun hergegangen, und haben die Spiegelmethode 1:1 umgesetzt. Wenn Sie diesen Abschnitt also interessiert lesen, dann kann ich davon ausgehen, dass die Methoden angeschlagen haben und sich Ihr Schwarm auf Sie eingelassen hat. Es folgen regelmäßige Treffen, sie kommen sich näher und landen schließlich im Bett.

Bei jeder Zusammenkunft achten Sie genau darauf die Spiegelmethode anzuwenden, um Ihr Spiel weiter aufrecht halten zu können.

Allerdings wird dies mit der Zeit immer anstrengender, ab und an erwischen Sie sich selbst bei einer Nachlässigkeit und Sie bekommen Angst, dass alles auffliegen wird. Machen wir uns also nichts vor, es ist jetzt die Zeit gekommen, in der Sie ihr Verhalten nach und nach abändern müssen.

Reduziert ausgedrückt bedeutet das nichts anderes, als dass sie Ihren Schwarm an Ihre wahre Persönlichkeit gewöhnen müssen. Tun Sie dies bitte nicht zu abrupt und unerwartet.

Eine plötzliche Charakterabänderung würde Ihr
bisheriges Verhalten in der Extreme kontrastieren und
Ihren Partner in die Flucht treiben. Sie sollten
gemächlich und geduldig mehr von sich zeigen.

Gehen wir mal wieder zu unserem Beispiel Veronika.
Veronika wird also das erste Mal mit ihrem eigentlichen
Kern konfrontiert. Es sind nun nicht mehr nur ihre
eigenen Interessen und ihr eigenes Verhalten, das
gespiegelt wird, sondern es kommt eine weitere
Komponente hinzu. Vielleicht nutzen Sie in einem
lustigen Moment nicht mehr ausschließlich Veronikas
Redewendung „Da wird der Hund ja in der Pfanne
verrückt", sondern bringen versuchsweise Ihren
persönlichen Lieblingsspruch, „Schlags Gewitter!". Solch
eine scheinbar banale Situation wird nicht zu einem
kompletten Umstoßen führen, für Veronika ist dieser
neue Reiz jedoch der Anstoß zu einer Entscheidung.

Wenn sie nun also mehr und mehr von sich zeigen, wird Veronika entweder Ihre Persönlichkeit positiv reflektieren und ihrerseits Ihre Muster spiegeln, oder, und das ist leider nicht ganz unwahrscheinlich, sie wird vieles davon nicht mögen. Denn wenn Veronika Sie nur mag, da Sie die Dame in Ihrer eigenen Selbstverliebtheit gestärkt haben und Sie ihr den permanenten großformatigen Spiegel vor Augen führten, dann ist die Wahrscheinlichkeit gering, dass sie bezogen auf Ihre Person äquivalentes Begehren zu Tage führt. Sie müssen sich also im Zuge der Offenbarung Ihrer Persönlichkeit weitere Strategien überlegen, wie Veronika trotz der geplatzten Seifenblase trotzdem bei Ihnen bleibt. Im Folgenden werde ich Ihnen weitere Methoden dazu vorstellen.

Sollte Veronika Ihre wahre Persönlichkeit tatsächlich mögen, dann können Sie das Buch an dieser Stelle weglegen.

Herzlichen Glückwunsch!

Finanzielle Abhängigkeit

Dies ist möglicherweise der idealste oder zumindest komfortabelste Fall, unter der Grundvoraussetzung, dass Sie keine Gewissensbisse haben. Die zweite gegebene Grundvoraussetzung muss natürlich eine fortgeschrittene Situierung bezüglich Ihrer finanziellen Möglichkeiten sein.

In unserem Beispiel sind Sie eine normale, durchschnittliche Person mit einem durchschnittlichen Job, eben ein Mensch wie „du und ich".

Wenn dem also so ist und Sie nicht zufälligerweise im Lotto gewonnen haben oder Ihr mit Immobilien schwerreich gewordener Großonkel plötzlich gestorben ist und sich kurz vor seinem Tode an Sie erinnerte, was sich im üppigen Testament niederschlug, dann überspringen Sie diesen Abschnitt.

Überspringen Sie den Abschnitt bitte auch, wenn Ihre hervorragenden finanziellen Möglichkeiten ein Fantasiekonstrukt sind und Sie nur vorhaben irgendwann einmal in Zukunft viel Geld zu haben. Denn Sie brauchen das Geld JETZT!

Wenn Sie nun also das Glück haben und dem ist so, dann tun Sie eine Sache: Setzen Sie es unbedingt ein. Halten Sie damit nicht hinter dem Berg, denn die Frauen nicht auf Geld stehen, ist nichts anderes als eine Lüge von Menschen, die gerne durch ihre rosarote Brille sehen und sich ihre fehlende Leistungsfähigkeit gerne mit moralischen Werten schönreden.

Geld bedeutet in unserer Gesellschaft jedoch eine Menge, es ist faktisch eine der wichtigsten Faktoren, wenn es darum geht, sich Standards zu ermöglichen und damit auch Glück zu kaufen. Allerdings soll das keine Aufforderung zum Prahlen sein. Auch wenn es sicher die eine andere Frau oder den einen oder anderen Mann gibt die/der nach außen gekehrten Hedonismus, ein Hugh-Hefner-Leben steht, kann man aber davon ausgehen, dass diese in der Minderheit sind.

Zeigen Sie also auf dezente Art und Weise, dass Sie Geld haben. Geben Sie nicht damit an, offenbaren Sie auch nicht von Anfang an Ihre komplette Leistungsfähigkeit im finanziellen Bereich. Ihr Schwarm darf jedoch ruhig sehen, dass es Ihnen gut geht und es möglich ist von dieser finanziellen Sicherheit zu profitieren.

Gefährlich an dem Aspekt einen Menschen mit finanziellen Mitteln auszunutzen, ist der gleichwertig manipulative Plan, den Ihr Gegenpart hecken kann. Wenn Veronika also sieht, dass Sie ordentlich Knete in der Tasche haben, dann könnte sie auf die tolle Idee kommen, Ihnen das solange aus eben dieser heraus zu ziehen, bis nichts mehr drin ist, um sich anschließend wieder vom Acker zu machen. Das sollten Sie tunlichst vermeiden. Bleiben Sie also vorsichtig, investieren Sie nicht zu viel. Behalten Sie Ihre Kosten stets im Überblick.

Und jetzt kommt das Wichtigste: Sorgen Sie dafür, dass Veronika nicht mit Ihnen spielt, spielen Sie mit Ihr! Wenn Sie bemerken, dass die Dame auf Ihr Geld aus ist, dann umso besser.

Nutzen Sie diesen Faktor. Vielleicht fragt Veronika nun öfters, ob Sie vielleicht teuer essen gehen können, vielleicht will sie anspruchsvolle Geschenke, hat einen spezifischen materiellen Wunsch. Wenn Sie Veronika alles abschlagen, wird die Dame bald auf der Suche nach einem neuen Opfer sein.

Wenn Sie ihr alles geben, werden Sie bald weder Geld noch eine Veronika haben. Außerdem verlieren sie dann vollständig Ihre Autonomität und machen sich zum Sklaven.

Das bestmöglichste Verhalten ist deshalb wie so oft im Bereich der emotionalen Manipulation, die Unberechenbarkeit. Das ist ein uralter Trick, den die meisten erfolgreichen Menschen intuitiv anwenden.

Veronika darf sie nicht konstant und sicher einordnen können. Im Falle Ihrer finanziellen Zuwendungen wäre das also ein abwechselndes Ja und Nein, natürlich nicht exakt abwechselnd, sondern wie zufällig wirkend eingestreut.

Mal wird sie ihren Wunsch bekommen, die neuen Schuhe oder das schicke 3-Sterne- Essen, mal werden Sie aber auch einfach nein sagen und konsequent bleiben, egal wie viel Veronika quengeln wird.

So wird sie sich nie sicher sein, woran sie bei Ihnen ist, was sie aus Ihnen herauspressen kann und was nicht.

Schon nach kurzer Zeit wird Veronika deshalb das Gefühl entwickeln, dass sie keine eigene Kontrolle über ihre materiellen Möglichkeiten hat, sie wird auf fast infantile Art und Weise regredieren und eine Abhängigkeit entwickeln, aus der sie sich nicht mehr lösen können wird, selbst wenn sie einen weiteren Spender kennen lernen würde, der ihr alles ermöglichen zu scheint. Sie ist jetzt in ihrem klebrigen Netz der monetisierten Willkürlichkeit gefangen, welches ihr nur reiche Beute ermöglicht, wenn Sie das als Kontrollierender zulassen.

Zum Abschluss dieser Technik sei darauf hingewiesen, dass Sie sich selbst Fragen sollten, ob sie einen solchen Partner haben wollen, bei dem gegenseitige Manipulation und oberflächliches Interesse im Fokus steht.

Für einen Menschen, der nach der „wahren Liebe" sucht, ist diese Variante sicherlich nichts.

Schlusswort

Obwohl wir oft so mühsam versuchen unsere innigsten Gefühle und Emotionen zu verstecken, zeigen wir sie unterbewusst doch und können diese Eigenschaft auch gar nicht ändern.

Wenn Sie Grund haben zu trauern, trauern Sie. Wenn Sie Grund haben Luftsprünge zu machen, tun sie auch das.

Und wenn Sie Interesse an einer Person haben, wieso nicht einfach auf einen Kaffee einladen?

So spannend Körpersprache auch ist und wie hilfreich es auch sein mag sie zu beherrschen, sollten wir uns doch stets daran zurückerinnern, dass Emotionen zu jeder Person dazugehören.

Ehrlichkeit und Offenheit sind ein wertvolles Gut und sollten Basis jeder Beziehung und guten Konversation sein.

Besonders im Berufsleben sollten Sie jedoch keine Angst vorm Gebrauch Ihres Wissens haben. Untermauern Sie Ihre nächste Gehaltsverhandlung doch einmal mit einem gewinnenden, natürlichen Lächeln.

„Hat dir das Buch gefallen, und du würdest gerne bald eine Fortsetzung in den Händen halten, dann folge uns bei Facebook und bewerte dieses Buch bei Amazon.

Bewerte jetzt das Buch!

Haftungsausschluss

Die Umsetzung aller enthaltenen Informationen, Anleitungen und Strategien dieses E-Books erfolgt auf eigenes Risiko. Für etwaige Schäden jeglicher Art kann der Autor aus keinem Rechtsgrund eine Haftung übernehmen. Für Schäden materieller oder ideeller Art, die durch die Nutzung oder Nichtnutzung der Informationen bzw. durch die Nutzung fehlerhafter und/oder unvollständiger Informationen verursacht wurden, sind Haftungsansprüche gegen den Autor grundsätzlich ausgeschlossen. Ausgeschlossen sind daher auch jegliche Rechts- und Schadensersatzansprüche. Dieses Werk wurde mit größter Sorgfalt nach bestem Wissen und Gewissen erarbeitet und niedergeschrieben. Für die Aktualität, Vollständigkeit und Qualität der Informationen übernimmt der Autor jedoch keinerlei Gewähr. Auch können Druckfehler und Falschinformationen nicht vollständig ausgeschlossen werden. Für fehlerhafte Angaben vom Autor kann keine juristische Verantwortung sowie Haftung in irgendeiner Form übernommen werden.

Urheberrecht

Impressum

Autor: Leo Weiß
Titel: Körpersprache Techniken
Untertitel: Mit diesen Techniken wirst du Menschen lesen wie ein Profi!

Auflage 1/2019

Kontakt:

WORLD GIVE
Online Bibliothek
Walter Kibler
Gerkerather Mühle.50
41179 Mönchengladbach
Email: w.kibler@hotmail.de

Onlinepräsenz

Umsatzsteuer-Identifikationsnummer: DE45321267905
Steuernummer: 121/5198/6147

Formatierung: Walter Kibler